2026년 01월 10일 1판 1쇄 **펴냄**
2026년 01월 05일 1판 1쇄 **인쇄**

펴낸곳 (주)효리원
펴낸이 윤종근
글 HR기획 ·**그림** 손종근
등록 1990년 12월 20일 **번호** 2-1108
우편 번호 03147
주소 서울시 종로구 삼일대로 457, 406호
전화 02)3675-5222 **팩스** 02)765-5222

ⓒ 2026, (주)효리원

잘못 만들어진 책은 구입하신 서점에서 바꾸어 드립니다.
ISBN 978-89-281-0828-2   74810

이메일 hyoreewon@hyoreewon.com
홈페이지 www.hyoreewon.com

한손에 쏙
초성게임

HR 기획 글 / 손종근 그림

효리원
hyoreewon.com

1장 머리가 빨리 좋아지는 **초성 게임**

동물 이름 ------ 8·18·28·38·48·58·68
사물 이름 ------ 10·20·30·40·50·60·70
수수께끼 ------ 12·22·32·42·52·62·72
세계 국기 ------ 14·24·34·44·54·64·74
끝말잇기 ------ 16·26·36·46·56·66·76

2장 상식이 풍부해지는 **초성 게임**

식물 이름 ------ 80·90·100·110·120·130·140
음식 이름 ------ 82·92·102·112·122·132·142
속담 술술 ------ 84·94·104·114·124·134·144
낱말 퍼즐 ------ 86·96·106·116·126·136·146
연상 게임 ------ 88·98·108·118·128·138·148

3장 성적이 쑥쑥 올라가는 초성 게임

우리 역사 ―――― 152·160·168·176·184·192
세계 위인 ―――― 154·162·170·178·186·194
세계 명소 ―――― 156·164·172·180·188·196
세계 국기 ―――― 158·166·174·182·190·198

정답 200

내가 좋아하는 간식은 ㅊㅋ! 정답은?

1장

머리가 초성

- 동물 이름
- 사물 이름
- 수수께끼
- 세계 국기
- 끝말잇기

빨리 좋아지는
게임

눈치코치 초성 게임~♪
♬스타트~!

 # 동물 이름

1. 뾰족뾰족한 가시 털
2. 둥근 밤송이
3. 돼지처럼 뾰족한 주둥이
4. 짧은 다리와 꼬리
5. 제 자식은 귀엽다고 하는 속담의 주인공

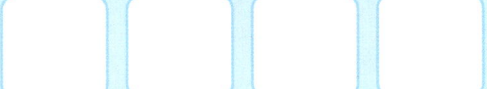

어떤 동물의 초성인지 □안에 써 보세요.

① 도토리, 밤, 땅콩이 좋아!

② 5줄의 검은 줄무늬

③ 쪼르르 나무 타기

④ 잘 발달된 볼주머니

⑤ 작고 깜찍한 외모

ㄷ ㄹ ㅈ

 사물 이름

① 한쪽 또는 양쪽으로 여는 문
② 반드시 전기가 필요
③ 싱싱, 부패 방지
④ 겨울에도 필요
⑤ 꽁꽁 얼릴 수 있음

ㄴ ㅈ ㄱ

어떤 사물의 초성인지 ☐안에 써 보세요.

① 앗, 뜨거워!

② 구겨진 옷이나 천

③ 쓱쓱 문질러야 효과적

④ 가전제품

⑤ 물이 필요!

ㄷ ㄹ ㅁ

☐ ☐ ☐

개는 개인데 자꾸 없어지는 개는?

ㅈ ㅇ ㄱ

그늘에만 들어가면 달아나는 것은?

ㄱ ㄹ ㅈ

수수께끼의 답을 □안에 써 보세요.

급해야 만들 수 있는 떡은?

ㅎ ㄹ ㅂ ㄸ

깊은 골짜기에서 피리를 불며 나오는 것은?

ㅂ ㄱ

 세계 국기(아시아)

이 나라의 수도는 '서울'이에요.

ㄷ ㅎ ㅁ ㄱ

국기와 초성을 보고 나라 이름을 써 보세요.

이 나라의 수드는 '하노이'예요.

끝말잇기

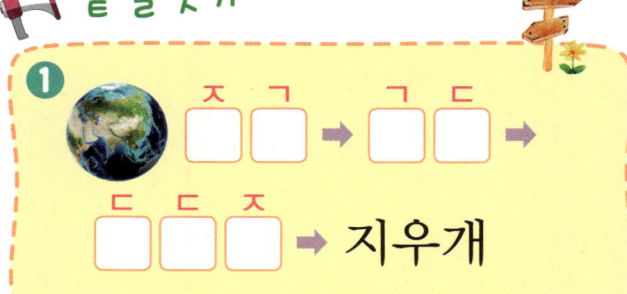

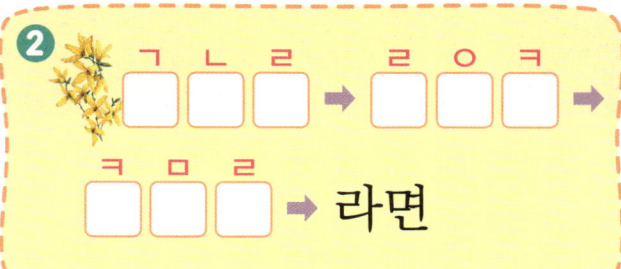

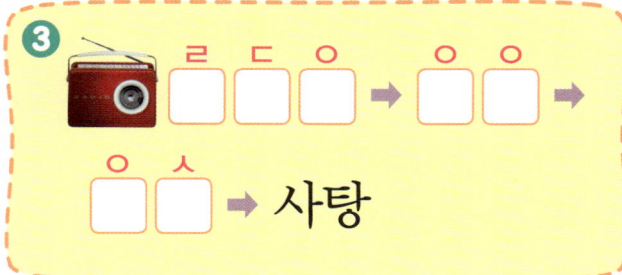

초성을 보고 알맞은 낱말을 ☐안에 써 보세요.

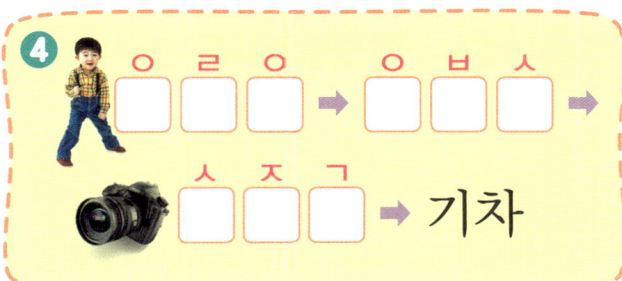

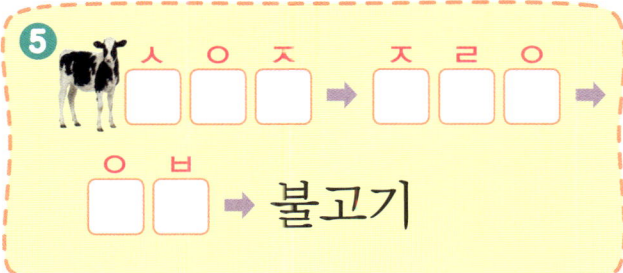

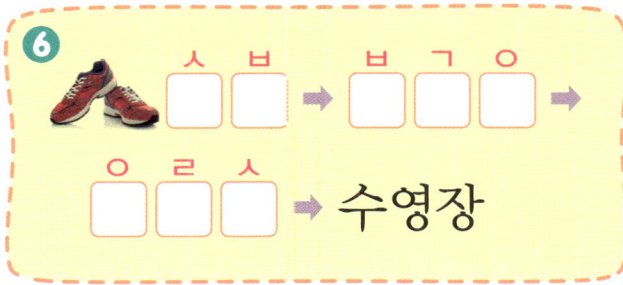

 **동물 이름**

1. 하얀 줄무늬, 검은 줄무늬
2. 무리 지어 살기
3. 초식 동물
4. 장기는 뒷발질, 달리기
5. 사하라 사막

ㅇ ㄹ ㅁ

어떤 동물의 초성인지 ☐안에 써 보세요.

① 흉내쟁이
② 나무 타기
③ 사람과 비슷한 모습
④ 손오공
⑤ 빨간 엉덩이

ㅇ ㅅ ㅇ

 사물 이름

1. 알렉산더 그레이엄 벨
2. 먼 거리 목소리 전송
3. 무선, 유선, 스마트폰
4. 소식, 약속 정하기
5. 엄마들의 수다

ㅈ ㅎ ㄱ

어떤 사물의 초성인지 □안에 써 보세요.

1. 빨간 돼지
2. 동전이 생기면 쏙~!
3. 넣기는 쉬워도 꺼내기는 어려움
4. 한 푼 두 푼, 땡그랑!
5. 티끌 모아 태산

ㅈ ㄱ ㅌ

 수수께끼

밤에 보아야 아름다운 꽃은?

놀부가 가장 좋아하는 술은?

수수께끼의 답을 □안에 써 보세요.

다리 둘에 갈비뼈밖에 없는 것은?

달리면 바로 서고, 멈추면 쓰러지는 것은?

🌼 세계 국기(아시아)

이 나라의 수도는 '리야드'예요.

국기와 초성을 보고 나라 이름을 써 보세요.

이 나라의 수도는 '예루살렘'이에요.

ㅇ ㅅ ㄹ ㅇ

끝말잇기

1

간식 → □□ (ㅅ ㅅ) →

□□ (ㅅ ㄱ) → 과수원

2

청소부 → □□ (ㅂ ㅇ) →

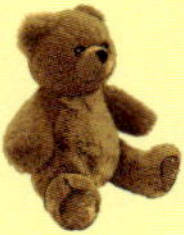

□□ (ㅇ ㅎ) → 형님

3

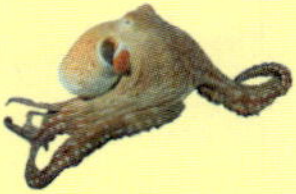

□□ (ㅁ ㅇ) → □□ (ㅇ ㅂ) →

□□ (ㅂ ㅈ) → 자가용

초성을 보고 알맞은 낱말을 ☐안에 써 보세요.

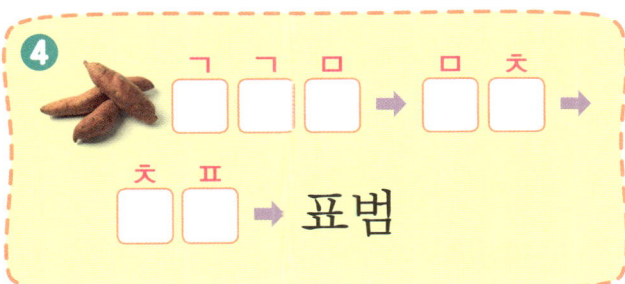

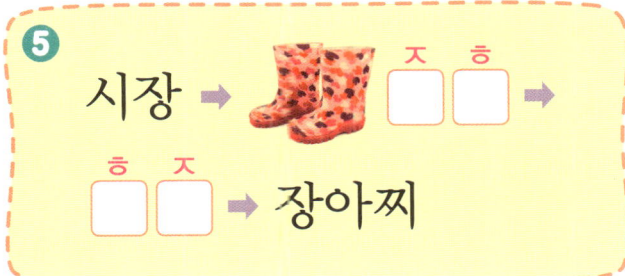

 # 동물 이름

1. 오스트레일리아(호주)
2. 두 발로 껑충껑충
3. 점프의 왕
4. 아랫배의 새끼주머니(육아낭)
5. 짧은 앞다리

ㅋ ㄱ ㄹ

어떤 동물의 초성인지 □안에 써 보세요.

1. 축축한 피부
2. 헤엄을 잘 침
3. 시끄러운 울음소리
4. 올챙이 적 생각 못 함
5. 겨울잠, 경칩

ㄱㄱㄹ

사물 이름

① 자동 계산기, 데이터 처리
② 온라인 게임
③ 인터넷
④ 빌 게이츠
⑤ 데스크톱, 노트북

ㅋ ㅍ ㅌ

어떤 사물의 초성인지 □안에 써 보세요.

1. 방송국
2. 리모컨 쟁탈전
3. 다양한 채널
4. 재미있는 프로그램
5. 바보상자

ㅌ ㄹ ㅂ ㅈ

□ □ □ □

뜨겁지는 않고 따갑기만 한 불은?

ㄱ ㅅ ㄷ ㅂ

맑은 날에는 옷을 입고, 흐린 날에는 옷을 벗는 것은?

수수께끼의 답을 □안에 써 보세요.

매번 문을 두드려도 들어오라고
하지 않는 곳은?

ㅎ ㅈ ㅅ

□ □ □

먹기 전에는 한 개였는데, 먹은 뒤에는
두 개가 되는 것은?

□ □ □ □ □

세계 국기(아시아)

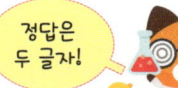
정답은 두 글자!

이 나라의 수도는 '도쿄'예요.

국기와 초성을 보고 나라 이름을 써 보세요.

이 나라의 수도는 '뉴델리'예요.

끝말잇기

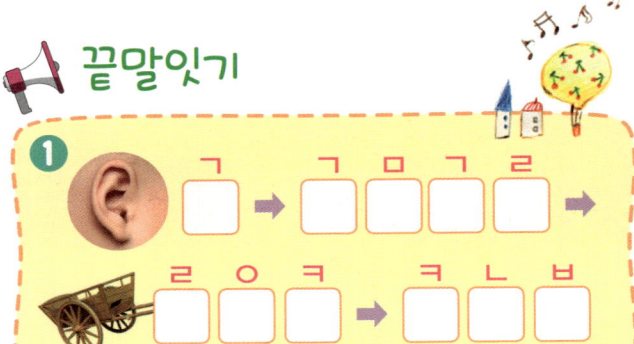

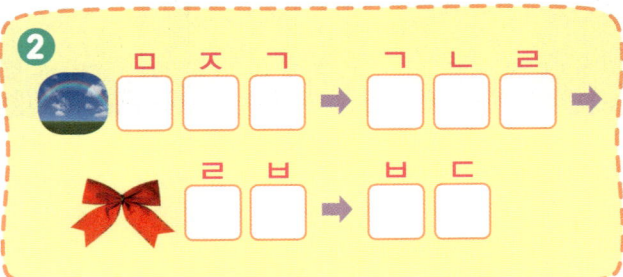

초성을 보고 알맞은 낱말을 □안에 써 보세요.

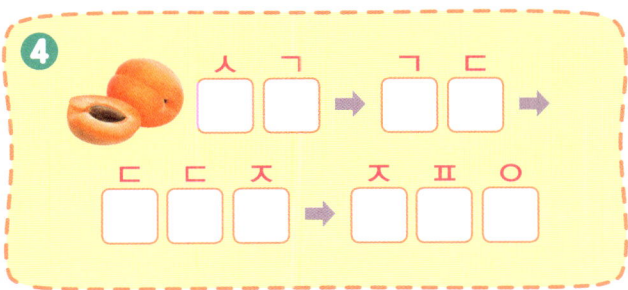

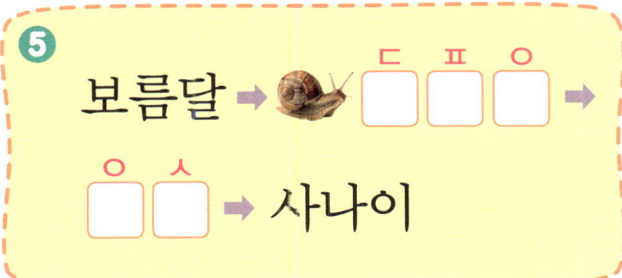

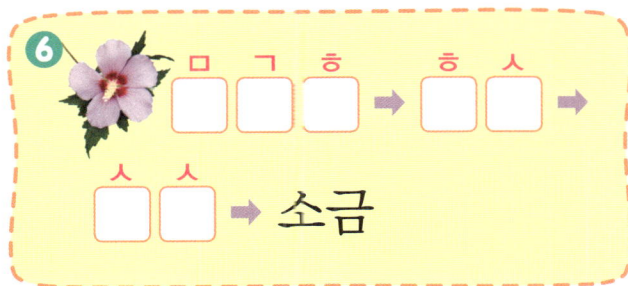

동물 이름

① 파충류

② 도마뱀과 비슷

③ 회색, 갈색 또는 초록색

④ 몸 색을 바꾸는 위장의 마술사

⑤ 사방으로 따로 움직이는 눈

ㅋ ㅁ ㄹ ㅇ

어떤 동물의 초성인지 □안에 써 보세요.

1. 가늘고 긴 몸
2. 미끌미끌
3. 요리조리 잘 빠져나가는 사람
4. 몸에 좋은 추어탕
5. 민물고기

 사물 이름

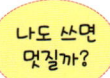

1. 통, 용기
2. 길거리, 집 안, 공공장소
3. 컴퓨터 바탕 화면
4. 쓰레기를 모으는 것
5. 분리수거

어떤 사물의 초성인지 □안에 써 보세요.

1. 강렬한 햇빛
2. 자외선 차단
3. 눈 보호
4. 멋 내기
5. 검은색 안경

ㅅ ㄱ ㄹ ㅅ

수수께끼

몸은 하얀데 노란 옷을 입고 있는 것은?

ㅊ ㅇ

못 사는 사람이 많을수록 잘되는 가게는?

ㅊ ㅁ ㅈ

수수께끼의 답을 □안에 써 보세요.

문은 문인데 세상을 다 볼 수 있는 문은?

ㅅ ㅁ

물고기 중에서 가장 비싼 것은?

ㄱ ㅂ ㅇ

 세계 국기(아시아)

이 나라의 수도는 '베이징'이에요.

ㅈ ㄱ

국기와 초성을 보고 나라 이름을 써 보세요.

이 나라의 수도는 '앙카라'예요.

ㅌ ㄹ ㅋ ㅇ

끝말잇기

1 인어 → [오][리][오] → [으][쓰][스][기] → 개미

2 나물 → 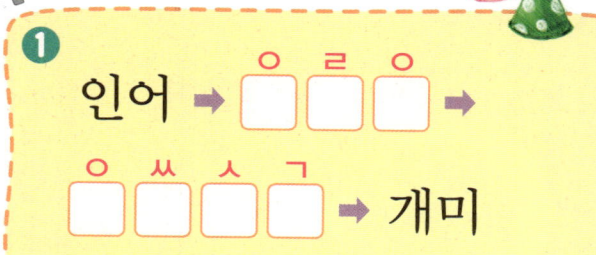 [ㅁ][ㅂ] → [ㅂ][ㅇ][ㄹ] → 리어카

3 과수원 → [원][ㅅ] → [ㅅ][ㄱ] → 건빵

초성을 보고 알맞은 낱말을 □안에 써 보세요.

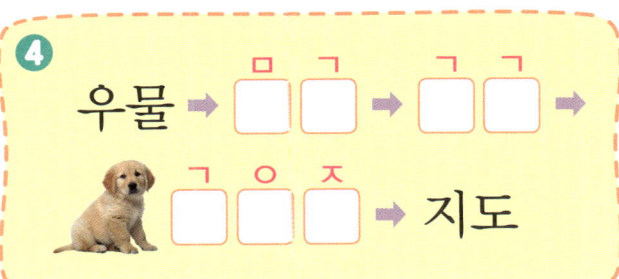

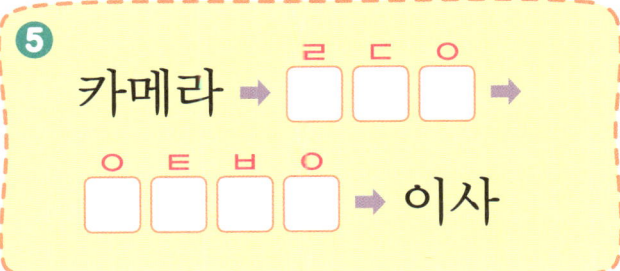

 동물 이름

1. 10개의 다리
2. 먹물을 찍~
3. 세는 단위는 '축' (1축은 20마리)
4. 연체동물
5. 땅콩 짝꿍

ㅇ ㅈ ㅇ

어떤 동물의 초성인지 ☐안에 써 보세요.

1. 조류
2. 날카로운 부리
3. 나무에 구멍 뚫기
4. 따다다다다닥!
5. 공동 육아를 하는 수컷

ㄸ ㄸ ㄱ ㄹ

사물 이름

1. 손목에 차는 것
2. 시간을 알려 줌
3. 가죽이나 쇠줄
4. 태엽 또는 전지식
5. 결혼 예물

ㅅ ㅁ ㅅ ㄱ

어떤 사물의 초성인지 □안에 써 보세요.

① 해변 또는 수영장

② 여자는 비키니, 원피스

③ 남자는 삼각, 사각, 5부, 9부

④ 물놀이 필스품

⑤ 신축성, 빠른 건조

ㅅ ㅇ ㅂ

 수수께끼

바위보다는 세고, 가위보다는 약한 것은?

ㅂ

박은 박인데, 받으면 기분 나쁜 박은?

ㄱ ㅂ

수수께끼의 답을 □안에 써 보세요.

발가벗겨서 몽둥이로 실컷 두들겨 맞는 것은?

ㅁ ㄴ

발가벗고 동굴 속으로 들어가는 것은?

ㄲ

세계 국기 (오세아니아)

이 나라의 수도는 '캔버라'예요.

ㅇㅅㅌㄹㅇㄹㅇ

국기와 초성을 보고 나라 이름을 써 보세요.

이 나라의 스도는 '웰링턴'이에요.

ㄴ ㅈ ㄹ ㄷ

끝말잇기

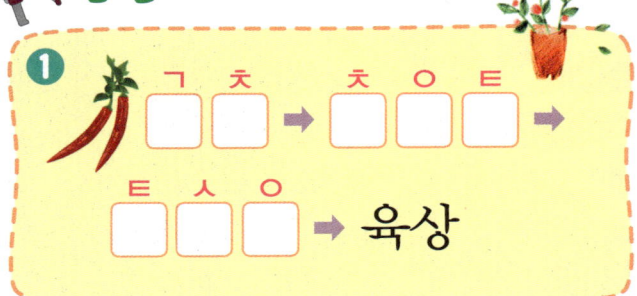

→ 육상

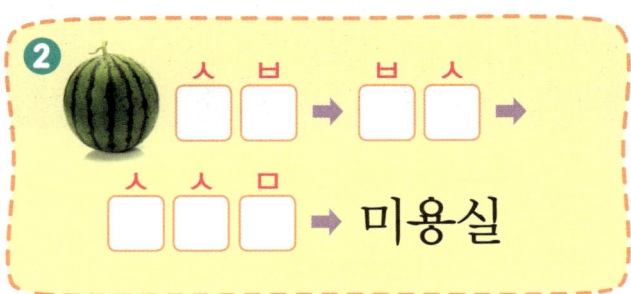

→ 미용실

가랑비 → □□ → □□□ → 루비

초성을 보고 알맞은 낱말을 □안에 써 보세요.

❹
산골 → ㄱ ㅉ ㄱ →

ㄱ ㅈ → 자랑

❺
돈가스 → ㅅ ㅌ ㅇ ㅋ →

ㅋ ㄹ ㅍ ㅅ → 스컹크

❻
손금 → ㄱ ㅂ ㅇ →

ㅇ ㅎ → 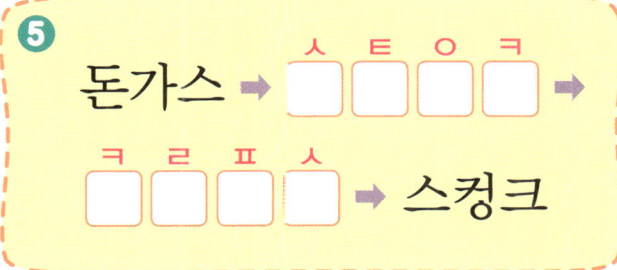 → ㅎ ㅇ ㄹ

 동물 이름

1. 이솝 우화에서 개미를 도와줌
2. 구구구, 구구구
3. 평화의 상징
4. 시골보다는 도시
5. 머리를 까딱거리며 걷는 새

ㅂ ㄷ ㄱ

어떤 동물의 초성인지 □안에 써 보세요.

1. 바다 새
2. 날개가 지느러미 모양
3. 까만색 연미복
4. 뒤뚱뒤뚱
5. 날지 못하는 새

ㅍ ㄱ

 사물 이름

1. 놀이터에 꼭 있는 것
2. 올라가는 계단
3. 학교, 유원지
4. 미끄럼대
5. 엉덩이에 불남

ㅁ ㄲ ㄹ ㅌ

□ □ □ □

어떤 사물의 초성인지 ☐안에 써 보세요.

① 원동기가 달린 탈것
② 이륜자동차
③ 모터사이클, 또는 바이크
④ 폭주족
⑤ 헬멧은 필수!

밟으면 밟을수록 앞으로 가는 것은?

밝을 때 쫓아다니다 어두우면 사라지는 것은?

수수께끼의 답을 ☐안에 써 보세요.

밤낮 가리지 않고 남의 말만 전해 주는 것은?

☐ ☐ ☐

고개 숙이고 눈물을 줄줄 흘리는 것은?

☐ ☐ ☐ ☐

 세계 국기(유럽)

이 나라의 수도는 '암스테르담'이에요.

ㄴ ㄷ ㄹ ㄷ

국기와 초성을 보고 나라 이름을 써 보세요.

이 나라의 수도는 '코펜하겐'이에요.

ㄷ ㅁ ㅋ

끝말잇기

1 고조선 → ☐☐☐ (ㅅㅅㄴ) →

☐☐ (ㄴㅍ) → 프랑스

2 삼국 시대 → ☐☐☐ (ㄷㄴㅁ) →

☐☐☐ (ㅁㅅㅅ) → 솥뚜껑

3 이순신 → ☐☐☐☐ (ㅅㅅㅇㄷ) →

☐☐☐ (ㄷㄴㄱ) → 귀뚜라미

초성을 보고 알맞은 낱말을 □안에 써 보세요.

④
계백 → [ㅂ][ㅈ] →

[ㅈ][ㅅ][ㄴ] → 날짜

⑤
여왕 → [ㅇ][ㅈ] →

[ㅈ][ㄷ][ㅊ] → 차례

⑥
보자기 → [ㄱ][ㄷ] →

둥지 → [ㅈ][ㅇ][ㄱ]

 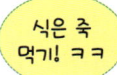 

동물 이름

1. 붉은색 몸 곤충
2. 얇은 날개
3. 뛰어난 기능의 겹눈
4. 이리저리 쫓아가며 윙윙윙~
5. 수컷만 빨갛고 암컷은 주황색

ㄱ ㅊ ㅈ ㅈ ㄹ

☐ ☐ ☐ ☐ ☐

어떤 동물의 초성인지 □안에 써 보세요.

1. 딱딱한 날개를 지닌 곤충
2. 둘로 갈라진 수컷의 긴 뿔
3. 반짝이는 검정이나 갈색 몸
4. 참나무 수액을 빨아먹음
5. 애완용으로도 인기

ㅈ ㅅ ㅍ ㄷ ㅇ

사물 이름

1. 조종사
2. 멀리 해외여행
3. 라이트 형제
4. 하늘을 날아다님
5. 스튜어디스

ㅂ ㅎ ㄱ

어떤 사물의 초성인지 ☐안에 써 보세요.

1. 타악기
2. 합격, 또는 불합격
3. 조율된 나뭇조각 음판
4. 딩동댕, 전국~ 노래자랑
5. 구슬 달린 채로 연주

 수수께끼

비는 비인데 사람들에게 고통을 주는 비는?

ㅂ ㅂ

사과가 웃으면 무엇이 될까?

ㅍ ㅅ ㄱ

수수께끼의 답을 □안에 써 보세요.

사람들이 즐겨 먹는 피는?

ㅋ ㅍ

까만 숲에 곧은 오솔길 하나 있는 것은?

ㄱ ㄹ ㅁ

 세계 국기(유럽) 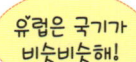 유럽은 국가가 비슷비슷해!

이 나라의 수도는 '베를린'이에요.

국기와 초성을 보고 나라 이름을 써 보세요.

이 나라의 수도는 '모스크바'예요.

ㄹ ㅅ ㅇ

끝말잇기

1 진시황 → [ㅎ][ㅈ] →

[ㅈ][ㄱ] → 기린

2 심청 → 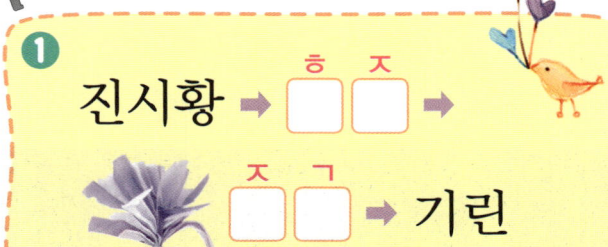 [ㅊ][ㅇ][ㄷ] →

대게 → [ㄱ][ㅅ][ㅍ]

3 이방 → [ㅂ][ㅅ] →

[ㅅ][ㅇ] → 유리

초성을 보고 알맞은 낱말을 □안에 써 보세요.

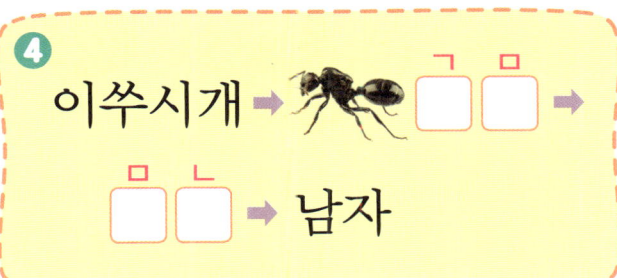

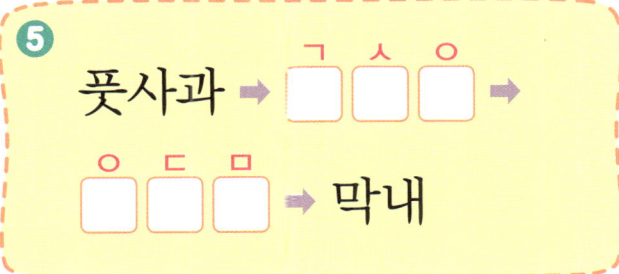

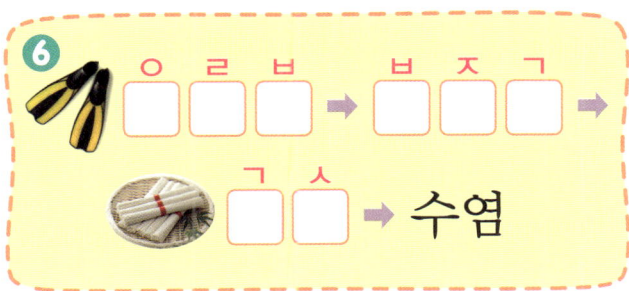

2장

상식이
초성

- 식물 이름
- 음식 이름
- 속담 술술
- 낱말 퍼즐
- 연상 게임

풍부해지는
게임

 식물 이름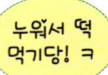

1. 봄꽃
2. 꽃이 잎보다 먼저 핌
3. 분홍색
4. 영변의 약산
5. 두견화라고도 부름

ㅈ ㄷ ㄹ

어떤 식물의 초성인지 □안에 써 보세요.

① 우리나라를 상징하는 꽃
② 흰색, 분홍, 빨강, 보라색 꽃
③ 여름부터 가을까지 피는 꽃
④ 추위에 강함
⑤ 1원 동전 앞면에 있음

ㅁ ㄱ ㅎ

음식 이름

1. 기름에 튀겨 말린 면
2. 다양한 맛의 스프
3. 봉지, 컵
4. 북한 말은 꼬부랑 국수
5. 대표적인 인스턴트 식품

ㄹ ㅁ

어떤 음식의 초성인지 ☐안에 써 보세요.

1. 쑥쑥 키가 자람
2. 물만 주면 잘 자람
3. 노란색 콩
4. 무침, 국
5. 국밥, 비빔밥

ㅋ ㄴ ㅁ

 속담

가는 말이 ( ) 오는 말이 곱다.

ㄱ ㅇ ㅇ

( )도 두들겨 보고 건너라.

ㄷ ㄷ ㄹ

속담의 답을 □안에 써 보세요.

개 팔자가 ( ).

ㅅ ㅍ ㅈ

□ □ □

( ) 다르고 ( ) 다르다.

ㄱ, ㅅ

□, □

⭐ 낱말 퍼즐

가로 길잡이

1. 알프스에서 가성을 섞어 특이하게 부르는 노래.
2. 자연 경치를 나타내는 말로 강과 산을 뜻함.
3. 들을 이룬 벌판. 추수가 끝난 ○○.

세로 길잡이

1. 방에 두고 오줌을 누는 작은 단지.
2. 시원한 바람이 가볍게 자꾸 부는 모양.

가로세로 글잡이 글을 읽고 □를 채워 보세요.

연상 게임

필통
포스트잇
자
공책
스케치북
수첩
가위
색연필
연필깎이

ㅎ ㅇ ㅍ

제시어를 보고 떠오르는 낱말을 ☐안에 써 보세요.

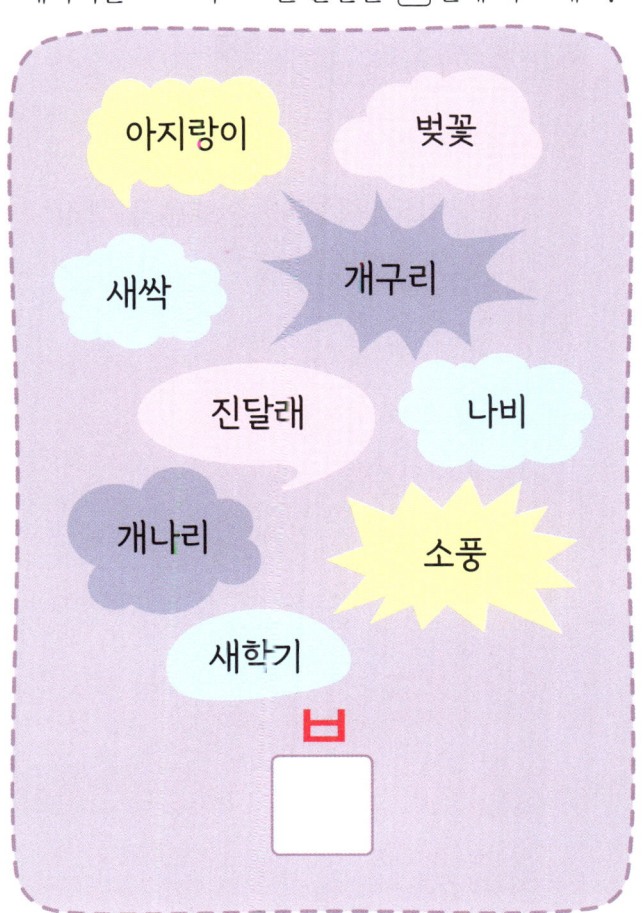

 식물 이름

1. 깡충깡충
2. 잎이 네 쪽인 것은 행운을 상징
3. 영어로는 클로버
4. 초록색
5. 콩과의 여러해살이풀

ㅌ ㄲ ㅍ

어떤 식물의 초성인지 □안에 써 보세요.

① 아삭아삭

② 한 포기, 두 포기

③ 김장

④ 우장춘 박사의 품종 개량

⑤ 김치

ㅂ ㅊ

음식 이름

맛있겠당!

1. 딸기, 초코, 바닐라
2. 지나치면 배탈, 설사
3. 우유와 설탕
4. 달콤하고 시원
5. 얼음과자 중 하나

ㅇㅇㅅㅋㄹ

어떤 음식의 초성인지 □안에 써 보세요.

1. 밸런타인데이
2. 달콤 쌉싸름
3. 우유와 설탕, 향료
4. 카카오 열매
5. 가나, 허쉬, 고디바, 페레로로쉐

 속담

낫 놓고 ( )도 모른다.

ㄱ ㅇ ㅈ

☐ ☐ ☐

( ) 먹고 속 차려라.

ㄴ ㅅ

☐ ☐

속담의 답을 □안에 써 보세요.

누워서 (　) 먹기.

ㄸ

□

달걀로 (　) 치기.

ㅂ ㅇ

□ □

⭐ 낱말 퍼즐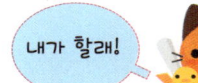

가로 길잡이

① 길쭉한 모양의 뿌리로 찌거나 구워서 먹는 것.

② 철도에서 일하는 사람.

세로 길잡이

① 고속으로 달리는 철도.

③ 학원을 운영하는 대표.

가로세로 글잡이 글을 읽고 □를 채워 보세요.

연상 게임

- 주사기
- 침대
- 링거
- 소독약
- 구급차
- 의사
- 슬리퍼
- 간호사
- 붕대

ㅂ ㅇ

제시어를 보고 떠오르는 낱말을 ☐안에 써 보세요.

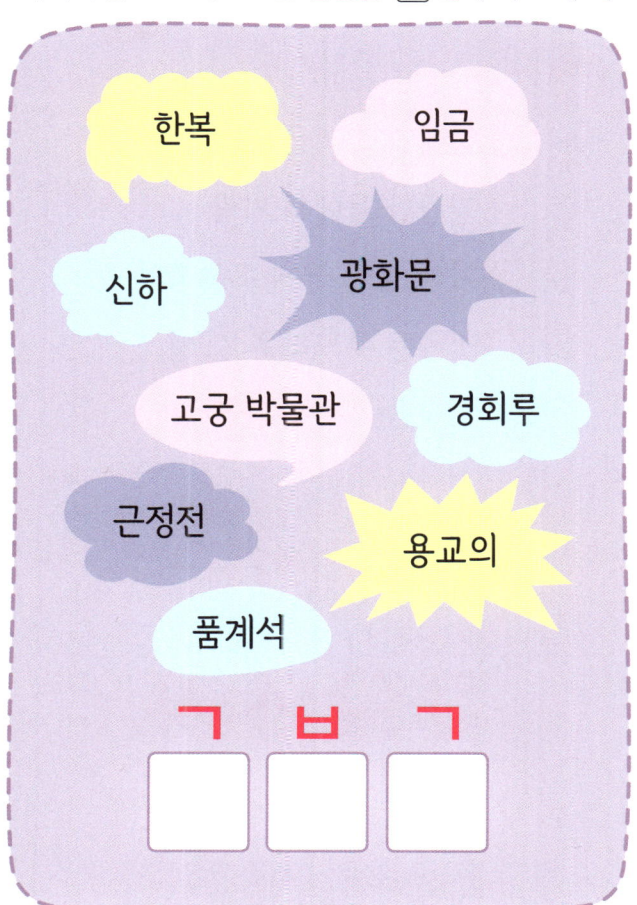

 식물 이름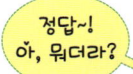

1. 강아지 꼬리를 닮음
2. 길가나 들에서 자람
3. 가는 줄기 끝에 초록색의 꽃
4. 꽃에는 부드러운 긴 털
5. 이것을 개량해 만든 좁쌀

어떤 식물의 초성인지 □안에 써 보세요.

① 나무의 한 종류
② 달라붙어 기어오르기 대장
③ 돌담, 건들 벽
④ 열매는 포도나 머루와 비슷
⑤ 마지막 잎새

ㄷ ㅈ ㅇ ㄷ ㄱ

음식 이름

냥냥! 먹고 해!

1. 생일 축하해!
2. 생크림
3. 밀가루, 달걀, 우유, 설탕
4. 기념일을 축하하며 먹는 음식
5. 촛불

ㅋ ㅇ ㅋ

어떤 음식의 초성인지 ☐안에 써 보세요.

① 건강에 좋은 슈퍼 푸드
② 방울, 대추
③ 빨간색 열매
④ 케첩 될 거야!
⑤ 과일인지 채소인지?

ㅌ ㅁ ㅌ

 **속담**

돼지 목에 진주 ( ).

ㅁ ㄱ ㅇ

( ) 키 재기.

ㄷ ㅌ ㄹ

속담의 답을 ☐안에 써 보세요.

바늘 가는 데 (   ) 간다.

ㅅ

☐

발 없는 (   )이 천 리 간다.

ㅁ

☐

낱말 퍼즐

가로 길잡이

① 새콤달콤한 맛이 나는 작고 노란 과일.

③ 베짱이와 비교되는 곤충.

세로 길잡이

① 남이 알아채지 못하도록 살며시 하는 행동. ○○○○ 걷다.

② 새나 곤충의 몸에 붙어 있는 것으로 날아다니는 데 쓰임.

가로세로 글잡이 글을 읽고 ☐를 채워 보세요.

연상 게임

푸딩
케이크
커피
요거트
아이스크림
자몽차
딸기 주스
생강차
레모네이드

ㅋ	ㅍ

제시어를 보고 떠오르는 낱말을 □안에 써 보세요.

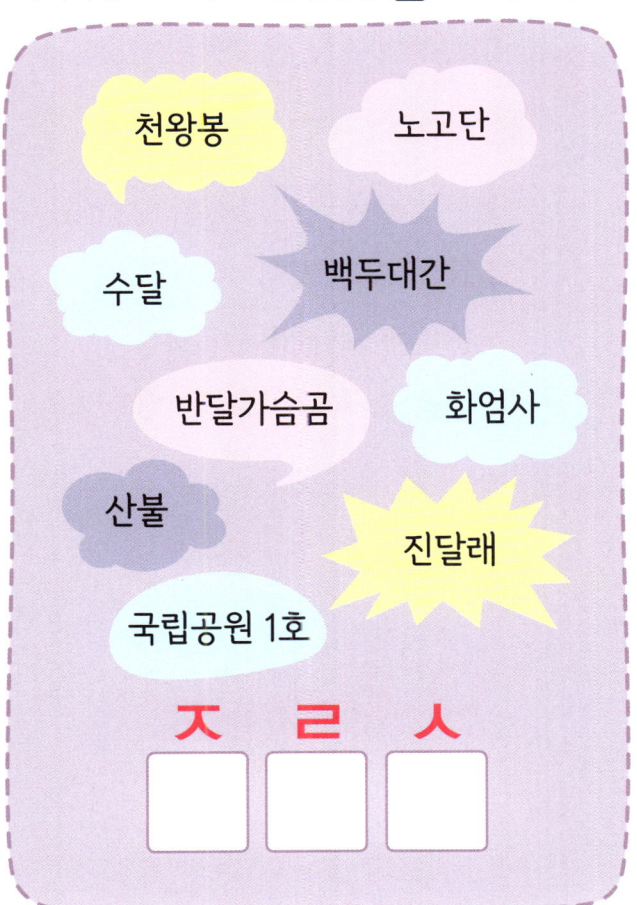

 식물 이름

1. 가로수
2. 노란 단풍
3. 암수 딴 그루
4. 10월에 노란 열매가 열림
5. 구린내 나는 열매

ㅇ ㅎ ㄴ ㅁ

어떤 식물의 초성인지 □안에 써 보세요.

① 여름에 피는 꽃
② 줄기는 덩굴져 감아 올라감
③ 보라색, 흰색, 붉은색 꽃
④ 나팔 모양
⑤ 모닝글로리

ㄴ ㅍ ㄲ

음식 이름

1. 어린 닭
2. 여름철 몸보신
3. 찹쌀, 대추, 인삼, 황기
4. 복날에 먹는 대표 음식
5. 영계백숙

ㅅ ㄱ ㅌ

□ □ □

어떤 음식의 초성인지 ☐안에 써 보세요.

1. 쌀가루
2. 시루
3. 층층이 다른 빛깔
4. 일곱 색깔
5. 백설기와 같은 맛

ㅁ ㅈ ㄱ ㄸ

 속담

배보다 (　　)이 더 크다.

ㅂ ㄲ

세 살 적 버릇 (　　)까지 간다.

ㅇ ㄷ

속담의 답을 □안에 써 보세요.

가재는 (　) 편.

ㄱ

□

(　) 도 구르는 재주가 있다.

ㄱ ㅂ ㅇ

□ □ □

낱말 퍼즐

가로 길잡이

① 조선 시대 때, 백성이 억울한 일을 하소연할 때 치던 북.

② 조선 시대 때 백정으로, 탐관오리의 재물을 빼앗아 가난한 사람들에게 나눠 준 의적.

세로 길잡이

① 율곡의 어머니.
오만 원 권 지폐의 인물.

③ 나라를 다스리는 일.

가로세로 글잡이 글을 읽고 ☐를 채워 보세요.

연상 게임

빨간색
가래떡
치즈
어묵
K-푸드
달걀
매운 맛
고추장
튀김

| ㄸ | ㅂ | ㅇ |
| | | |

제시어를 보고 떠오르는 낱말을 안에 써 보세요.

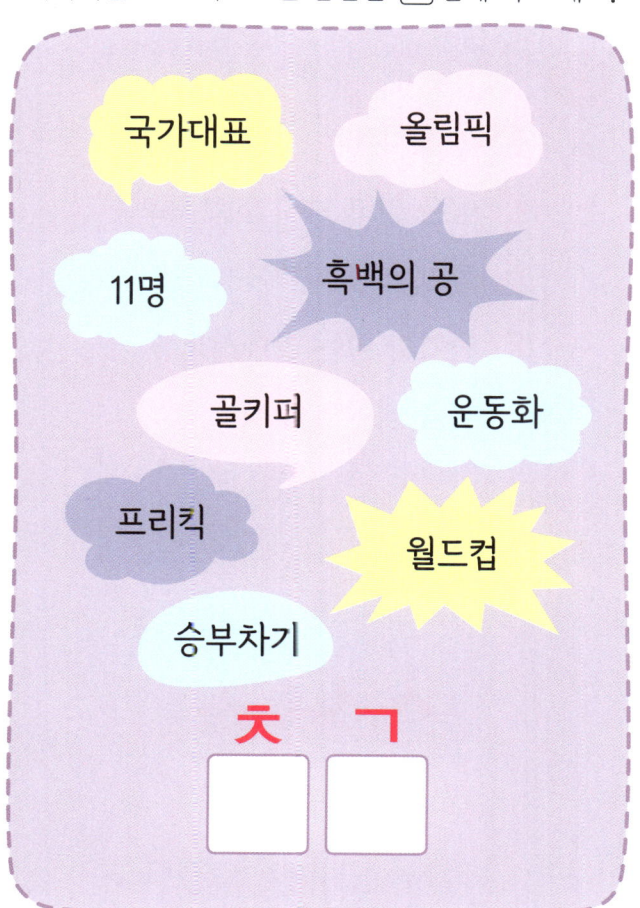

 식물 이름

난 가시가 싫어!

① 열대, 사막
② 잎은 없고 가시만 뾰족뾰족
③ 줄기는 공, 원기둥 모양
④ 물기가 없는 곳에서도 쑥쑥
⑤ 다육 식물의 일종

ㅅ ㅇ ㅈ

어떤 식물의 초성인지 ☐안에 써 보세요.

① 대부분 붉은색
② 닭의 볏처럼 생긴 꽃
③ 5천 원 뒷면에서 볼 수 있음
④ 여름에 잘 자람
⑤ 원산지는 아프리카

ㅁ ㄷ ㄹ ㅁ

 음식 이름

1. 이탈리아
2. 가는 국수
3. 다양한 소스
4. 우리나라는 비빔국수
5. 긴 원기둥 형태의 파스타

ㅅ ㅍ ㄱ ㅌ

어떤 음식의 초성인지 □안에 써 보세요.

① 소풍
② 재료와 방법에 따라 다양
③ 간식, 도시락
④ 단무지, 당근, 계란, 시금치
⑤ 엄마의 정성과 솜씨

ㄱ ㅂ

 **속담**

말 한마디에 ( )( )( )도 갚는다.

ㅊ ㄴ ㅂ

☐ ☐ ☐

매도 먼저 맞는 ( ) 낫다.

ㄴ ㅇ

☐ ☐

속담의 답을 □안에 써 보세요.

먼 사촌보다 가까운 (　　)이 낫다.

O O

□ □

목마른 놈이 (　　) 판다.

O □

□ □

 낱말 퍼즐

가로 길잡이

① 쇠로 만든 독처럼 튼튼하게 둘러쌓은 산성.

③ 곰과의 동물로 대나무를 좋아함. 흰털과 검은 털.

④ 질그릇과 오지그릇을 통틀어 부르는 말.

세로 길잡이

① 쇠로 된 넓은 조각. 염치가 없는 사람에게 얼굴에 이것을 깔았다고 함.

② 대수롭지 않은 일로 서로 자꾸 다투는 모양.

가로세로 글잡이 글을 읽고 □를 채워 보세요.

연상 게임

가을
달리기
도장
함성
줄다리기
만국기
반티셔츠
교가
우승기

ㅇ ㄷ ㅎ

제시어를 보고 떠오르는 낱말을 ☐안에 써 보세요.

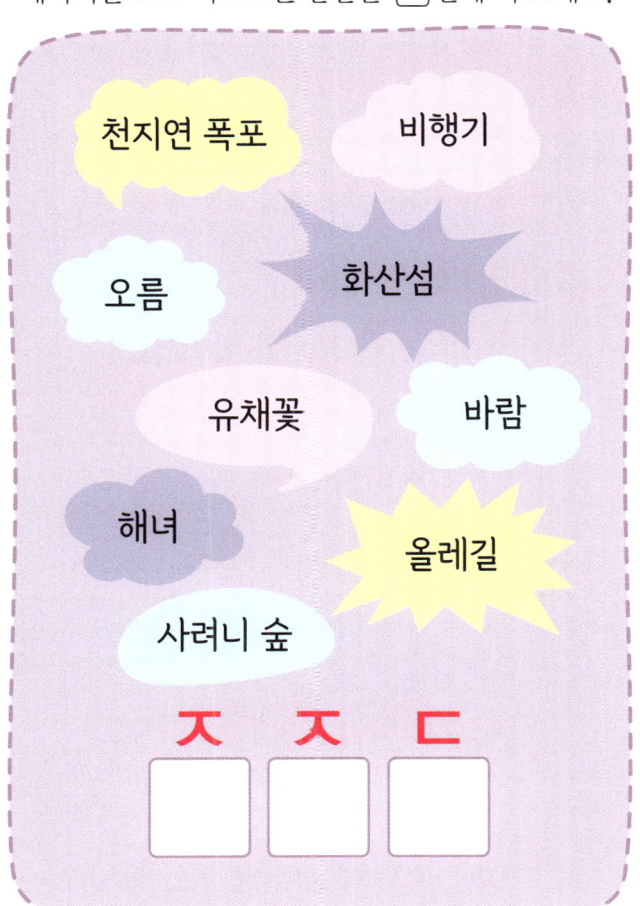

1. 초록색
2. 나물이나 된장국
3. 김밥 속 재료
4. 뽀빠이가 먹으면 힘이 불끈
5. 비타민 A가 풍부

어떤 식물의 초성인지 □안에 써 보세요.

① 노란 알갱이나 흰색 알갱이
② 수염
③ 알갱이를 튀기면 강냉이
④ 구수한 차
⑤ 맛있는 팝콘

음식 이름

1. 인도의 대표 요리
2. 고기, 감자, 양파
3. 가루와 고체 형태
4. 흰쌀밥과 찰떡궁합
5. 강황 가루

ㅋ ㄹ

어떤 음식의 초성인지 ☐안에 써 보세요.

1. 전주
2. 여러 가지 나물
3. 고추장
4. 쓱쓱 비비기
5. K 푸드의 대표 음식

ㅂ ㅂ ㅂ

☐ ☐ ☐

 속담

( )에 콩 볶아 먹겠다.

ㅂ ㄱ ㅂ

벼룩도 ( )이 있다.

ㄴ ㅉ

속담의 답을 ☐안에 써 보세요.

보기 좋은 (　) 먹기도 좋다.

ㄸ ㅇ

☐ ☐

빈 (　)가 요란하다.

ㅅ ㄹ

☐ ☐

☆ 낱말 퍼즐

가로 길잡이

1. 삿갓 모양의 몸. 젤리와 같은 몸으로 흐느적흐느적 물에 떠다님.
2. 담배를 피울 때 성냥 대신 불을 붙이는 도구.

세로 길잡이

1. 해처럼 노랗고 둥근 꽃. 키가 크다.
3. 사람이나 길짐승의 몸에 난 길고 굵은 털.

가로세로 글잡이 글을 읽고 □를 채워 보세요.

 연상 게임

아가씨
기생충
뽀로로
전우치
태백산맥
우리들
신과 함께
번개맨
해적

ㅎ	ㄱ	ㅇ	ㅎ

제시어를 보고 떠오르는 낱말을 □안에 써 보세요.

 식물 이름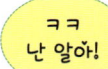

1. 제주도
2. 배추꽃과 비슷함
3. 노란색
4. 씨로 기름을 짬
5. 봄에 피는 꽃, 봄 축제

○ ㅊ ㄲ

어떤 식물의 초성인지 □안에 써 보세요.

① 겨울에도 초록색
② 뾰족한 바늘잎
③ 거북 등껍질 같은 나무 껍질
④ 솔방울
⑤ 송홧가루

ㅅ ㄴ ㅁ

음식 이름

1. 밀가루 반죽
2. 홍두깨
3. 멸치 또는 조개
4. 칼로 썬 면
5. 북한에서는 칼제비국

ㅋ ㄱ ㅅ

☐ ☐ ☐

어떤 음식의 초성인지 □안에 써 보세요.

1. 국보다 국물이 적음
2. 뚝배기에 끓여야 제맛
3. 된장, 두부, 호박
4. 메주
5. 소박하고 구수한 맛

ㄷ ㅈ ㅉ ㄱ

 속담

백지장도 (　) 낫다.

ㅁ ㄷ ㅁ

☐ ☐ ☐

사공이 많으면 배가 (　) 간다.

ㅅ ㅇ ㄹ

☐ ☐ ☐

속담의 답을 □안에 써 보세요.

사촌이 땅을 사면 (　　) 아프다.

ㅂ ㄱ

□ □

소 잃고 (　　) 고친다.

ㅇ ㅇ ㄱ

□ □ □

☆ 낱말 퍼즐

가로 길잡이

① 주로 더울 때 신는 신발로, 끈으로 발등에 매어 신는 신발.

③ 사과, 배, 감, 귤, 포도 등등 사람이 먹을 수 있는 열매.

세로 길잡이

① 두 조각의 빵 사이에 치즈, 달걀, 고기, 채소 등을 끼워 넣은 음식.

② 이를 치료하기 위해 가는 병원.

가로세로 글잡이 글을 듣고 □를 채워 보세요.

연상 게임

떡국
까치
전
종소리
정월 초하루
덕담
윷놀이
차례상
한과

ㅅ ㄴ

제시어를 보고 떠오르는 낱말을 □안에 써 보세요.

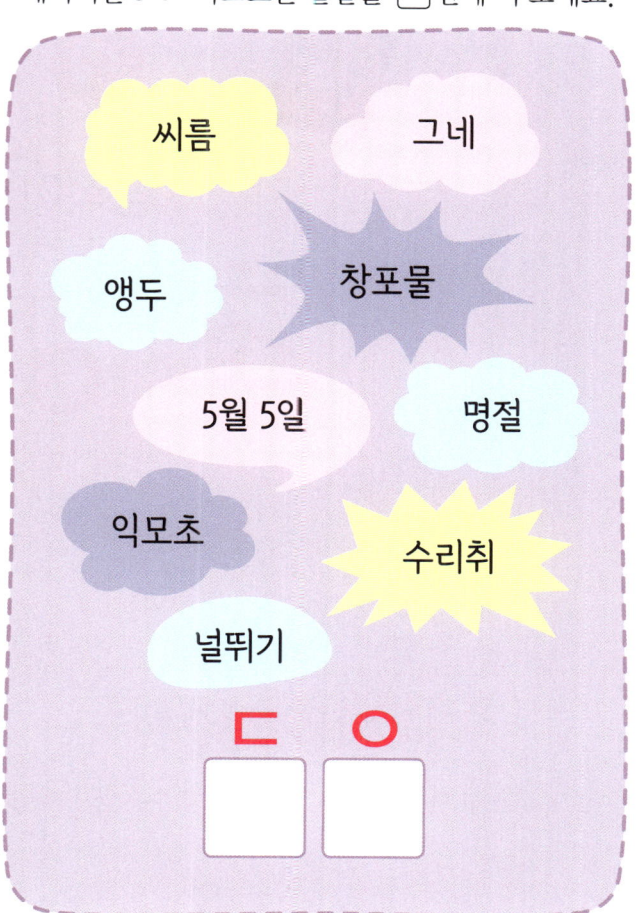

3장

성적이 초성

- 우리 역사
- 세계 명소
- 세계 위인
- 세계 국기

쑥쑥 올라가는
게임

 우리 역사

1. 우리나라 최초의 국가
2. 단군 할아버지
3. 호랑이와 곰
4. 홍익인간
5. 삼국유사에 기록

ㄱ ㅈ ㅅ

어떤 단어의 초성인지 □안에 써 보세요.

① 커다란 돌
② 우리나라에 특히 많음
③ 유네스코 세계 문화유산
④ 청동기 시대의 무덤 양식
⑤ 고대의 거석 구조물

ㄱ ㅇ ㄷ

 세계 위인

1. 알에서 태어남
2. 어릴 때 이름은 주몽
3. 졸본(지금의 만주)에 나라를 세움
4. 고구려
5. 아버지는 해모수

ㄷ ㅁ ㅅ ㅇ

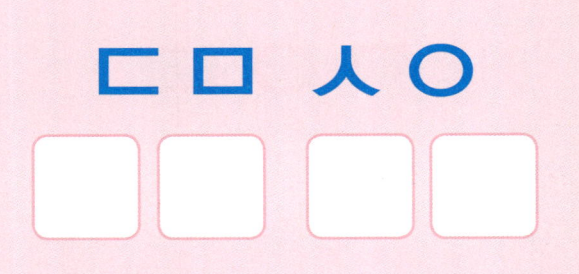

어떤 위인의 초성인지 □안에 써 보세요.

1. 경주 지역
2. 알에서 태어남
3. 우리나라 박 씨의 시조
4. 신라를 세움
5. 우물

ㅂ ㅎ ㄱ ㅅ

 **세계 명소**

1. 네팔과 티베트 사이에 위치
2. 세계에서 가장 높은 산
3. 산봉우리는 빙하
4. 히말라야 산맥
5. 해발 8,848.86m

ㅇ ㅂ ㄹ ㅅ ㅌ

어느 장소의 초성인지 □안에 써 보세요.

1. 제주도 대표 산
2. 금강산, 지리산과 함께 삼신산
3. 유네스코 세계 자연유산
4. 백록담 화구 호수
5. 380여 개의 오름

ㅎ ㄹ ㅅ

 세계 국기(유럽)

이 나라의 수도는 '베른'이에요.

국기와 초성을 보고 나라 이름을 써 보세요.

이 나라의 수도는 '스톡홀름'이에요.

 우리 역사

1. 백제, 고구려와 함께 삼국
2. 삼국 중에 남쪽에 위치
3. 수도는 경주
4. 삼국 통일
5. 진흥왕, 무열왕, 문무왕

ㅅ ㄹ

어떤 단어의 초성인지 ☐안에 써 보세요.

1. 이성계가 세운 나라
2. 수도는 한양
3. 경복궁
4. 1910년, 일본에 나라를 빼앗김
5. 고려를 무너뜨리고 건국

💚 세계 위인

1. 미국의 천재 발명왕
2. 1천 가지가 넘는 특허
3. 백열전등, 영사기, 축음기
4. 병아리를 품어 부화하려 함
5. 1%의 영감, 99%의 노력

ㅇ ㄷ ㅅ

어떤 위인의 초성인지 ☐ 안에 써 보세요.

① 애플사를 세움
② 세계 최고의 IT 기업가
③ 아이맥, 아이폰, 아이패드
④ 2011년 세상을 떠남
⑤ 검은 티셔츠, 청바지

세계 명소

1. 남북 휴전 협정
2. 공동 경비 구역
3. 경기도 파주시 진서면 군사 분계선
4. 남북한 정상이 만나 회담을 한 곳

ㅍ ㅁ ㅈ

어느 장소의 초성인지 □안에 써 보세요.

① 중국의 북쪽에 위치

② 만 리가 넘는 길이

③ 북방 민족의 침공을 막기 위해 세운 성벽

④ 세계 7대 불가사의 중 하나

 세계 국기(유럽)

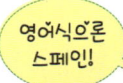 영어식으론 스페인!

이 나라의 수도는 '마드리드'예요.

ㅇ ㅅ ㅍ ㄴ

국기와 초성을 보고 나라 이름을 써 보세요.

이 나라의 수도는 '런던'이에요.

우리 역사

① 백성을 가르치는 바른 소리
② 1443년 창제, 1446년 반포
③ 세종 대왕
④ 우리나라 글자
⑤ 유네스코 세계 기록 유산

ㅎ ㅁ ㅈ ㅇ

어떤 단어의 초성인지 □안에 써 보세요.

1. 조선 시대 선조 임금
2. 일본의 침략
3. 이순신 장군
4. 임진년(1592년)
5. 도요토미 히데요시

💚 세계 위인

1. 신라 시대
2. 어릴 때는 덕만 공주로 불림
3. 첨성대를 세움
4. 우리나라 최초의 여왕
5. 태종 무열왕의 이모

ㅅ ㄷ ㅇ ㅇ

어떤 위인의 초성인지 ☐안에 써 보세요.

① 고려의 장군이자 무기 발명가
② 왜구를 물리침
③ 화약으로 총과 대포를 만듦
④ 화약을 발명함
⑤ 화통도감 설치

 # 세계 명소

1. 프랑스 파리
2. 건축가의 이름
3. 324미터 높이의 철탑
4. 파리의 대표적인 관광 명소
5. 1889년 파리 엑스포

ㅇ ㅍ ㅌ

어느 장소의 초성인지 ☐안에 써 보세요.

1. 왕이나 왕족의 무덤
2. 돌이나 벽돌을 쌓아서 만듦
3. 고대 이집트
4. 사각뿔 모양의 거대한 건축물
5. 스핑크스

ㅍ ㄹ ㅁ ㄷ

☐ ☐ ☐ ☐

 세계 국기(아메리카)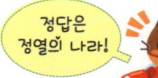

이 나라의 수도는 '브라질리아'예요.

ㅂ ㄹ ㅈ

국기와 초성을 보고 나라 이름을 써 보세요.

이 나라의 수도는 '워싱턴 D.C.'예요.

ㅁ ㄱ

 우리 역사

1. 세종 대왕 때 발명, 보급
2. 세계 최초
3. 비의 양을 재는 기구
4. 대한민국 국보 329호
5. 장영실

ㅊ ㅇ ㄱ

☐ ☐ ☐

어떤 단어의 초성인지 □안에 써 보세요.

1. 도자기
2. 푸른 빛깔의 청자
3. 귀족들이 사용
4. 찻잔, 접시, 항아리, 향로, 연적 등
5. 고려 시대

세계 위인

1. 고구려의 왕
2. 장수왕의 아버지
3. 남으로는 한강, 북으로는 만주까지 영토 확장
4. 우리 역사상 가장 넓은 땅을 차지한 왕

ㄱㄱ ㅌ ㄷㅇ

어떤 위인의 초성인지 ☐ 안에 써 보세요.

1. 고구려의 장군
2. 수나라의 100만 대군을 물리친 기적
3. 살수 대첩
4. 수나라 장수 우중문에게 보낸 시가 유명

세계 명소

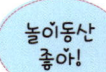

1. 미국의 만화 영화 제작자 월트 디즈니가 만듦
2. 로스앤젤레스 교외에 있음
3. 세계 최고 수준의 오락 시설
4. 모험의 나라, 동화의 나라, 개척의 나라 등

ㄷ ㅈ ㄴ ㄹ ㄷ

어느 장소의 초성인지 □안에 써 보세요.

1. 세계적인 관광지
2. 미국과 캐나다의 국경
3. 한 줄기는 캐나다 폭포, 다른 한 줄기는 미국 폭포
4. 노인들이 "나이야 가라!"고 외치는 폭포

ㄴㅇㅇㄱㄹ ㅍㅍ

□□□□□ □□

세계 국기(아메리카)

오잉? 단풍잎?

이 나라의 수도는 '오타와'예요.

ㅋ ㄴ ㄷ

국기와 초성을 보고 나라 이름을 써 보세요.

이 나라의 수도는 '킹스턴'이에요.

ㅈ ㅁ ㅇ ㅋ

우리 역사

1. 1910년~1945년
2. 일본이 강제로 우리나라를 빼앗고 차지한 기간
3. 조선 총독부
4. 일제의 식민 통치 시기

ㅇ ㅈ ㄱ ㅈ ㄱ

어떤 단어의 초성인지 ☐안에 써 보세요.

① 일제 강점기 때 독립을 위한 여러 가지 민족 운동
② 1919년 3월 1일 만세 운동
③ 대한민국 임시 정부
④ 일제의 눈을 피해 몰래 활동

ㄷ ㄹ ㅇ ㄷ

☐ ☐ ☐ ☐

 세계 위인

1. 장애를 극복한 사회사업가
2. 시각, 청각, 언어 장애
3. 손바닥에 써 주는 글씨를 이해
4. 설리번 선생님
5. 밀알 복지 재단

ㅎ ㄹ ㅋ ㄹ

어떤 위인의 초성인지 ☐안에 써 보세요.

① 본명은 테무친
② 몽골 제국의 제1대 왕
③ 중앙아시아를 넘어 동유럽까지 정복
④ 세계 최대의 대제국을 건설한 황제

세계 명소

① 신라 천 년의 역사 도시

② 도시 전체가 문화재, 지붕 없는 박물관

③ 불국사, 석굴암, 첨성대, 천마총

④ 수학여행 단골 여행지

어느 장소의 초성인지 ☐안에 써 보세요.

1. 경상북도 울릉군
2. 일본이 자기네 땅이라 우기고 있음
3. 신라의 이사부가 우산국을 정벌하여 우산도로 불렸음
4. 플랑크톤이 풍부한 황금 어장

세계 국기 (아프리카)

나라 이름 길~~다!

이 나라의 수도는 '케이프타운'이에요.

ㄴㅇㅍㄹㅋ ㄱㅎㄱ

국기와 초성을 보고 나라 이름을 써 보세요.

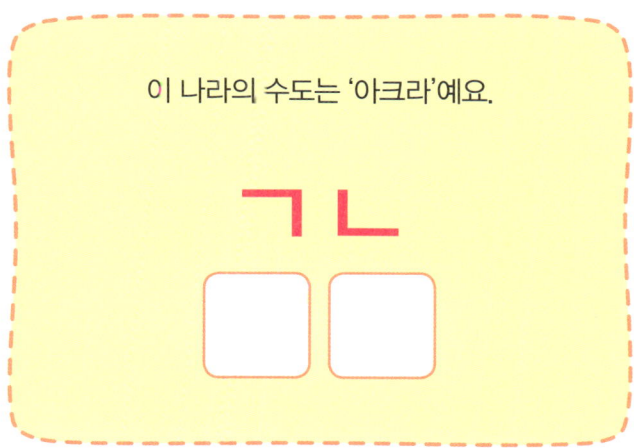

이 나라의 수도는 '아크라'예요.

ㄱ ㄴ

 우리 역사

1. 우리나라는 고려 광종이 처음 실시한 제도
2. 전국의 선비들이 열심히 공부
3. 관리를 선발하던 시험
4. 문과, 무과, 잡과

ㄱ ㄱ ㅈ ㄷ

어떤 단어의 초성인지 ☐안에 써 보세요.

1. 조선의 지리학자 김정호
2. 우리나라 전국 지도
3. 22권의 지도책
4. 대량 보급과 복제 가능한 목판

ㄷ ㄷ ㅇ ㅈ ㄷ

 세계 위인

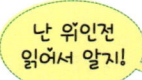

1. 독일에서 태어난 유대인 소녀
2. 나치의 유대인 박해를 피해 숨어 지냄
3. 포로수용소에서 사망
4. 일기가 책으로 출판됨

ㅇㄴ ㅍㄹㅋ

어떤 위인의 초성인지 □안에 써 보세요.

1. 조선 세종 때의 인물
2. 조선 최고의 천재 과학자
3. 노비 출신
4. 물시계, 해시계, 수표, 측우기, 앙부일구

ㅈ ㅇ ㅅ

 세계 명소

힌트

1. 우리나라에서 가장 높은 산
2. 함경도와 만주 사이에 위치
3. 산 정상에 칼데라 호인 천지가 있음
4. 중국에서는 장백산이라고 부름
5. 높이는 2,744m

ㅂ ㄷ ㅅ

어느 장소의 초성인지 ☐안에 써 보세요.

1. 세계 문화우산으로 등재된 신라의 두 건축물
2. 대웅전 앞뜰에 석가탑과 다보탑
3. 토함산에 있는 인공 동굴
4. 돌로 조각한 본존불 유명
5. 고대 불교 예술의 최고 걸작

ㅇㄱㅅ ㅅㄱㅂ

☐☐☐ ☐☐☐

세계 국기(아프리카)

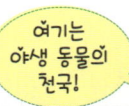
여기는 야생 동물의 천국!

이 나라의 수도는 '나이로비'예요.

국기와 초성을 보고 나라 이름을 써 보세요.

이 나라의 수도는 '아디스아바바'예요.

한손에 쏙 초성 게임

정답

8쪽 고슴도치
9쪽 다람쥐
10쪽 냉장고
11쪽 다리미
12쪽 지우개, 그림자
13쪽 헐레벌떡, 방귀
14쪽 대한민국
15쪽 베트남
16~17쪽
❶ 지구 → 구두
　→ 두더지 → 지우개
❷ 개나리 → 리어카
　→ 카메라 → 라면
❸ 라디오 → 오이
　→ 이사 → 사탕
❹ 어린이 → 이발사
　→ 사진기 → 기차
❺ 송아지 → 지렁이
　→ 이불 → 불고기
❻ 신발 → 발걸음
　→ 음료수 → 수영장
18쪽 얼룩말
19쪽 원숭이
20쪽 전화기

21쪽 저금통

22쪽 불꽃, 심술

23쪽 사다리, 자전거

24쪽 사우디아라비아

25쪽 이스라엘

26~27쪽

❶ 간식 → 식사 → 사과 → 과수원

❷ 청소부 → 부인 → 인형 → 형님

❸ 문어 → 어부 → 브자 → 자가용

❹ 고구마 → 마차 → 차표 → 표범

❺ 시장 → 장화 → 화장 → 장아찌

❻ 학교 → 교사 → 사진 → 진주

28쪽 캥거루

29쪽 개구리

30쪽 컴퓨터

31쪽 텔레비전

32쪽 가시덤불, 빨랫줄

33쪽 화장실, 나무젓가락

34쪽 일본

35쪽 인도

36~37쪽

❶ 귀 → 귀머거리 → 리어카 → 카니발

❷ 무지개 → 개나리 → 리본 → 본드

❸ 물고기 → 기차 → 차장 → 장난감

❹ 살구 → 구두 → 두더지 → 지팡이

❺ 보름달 → 달팽이 → 이사 → 사나이

❻ 무궁화 → 화산

201

→ 산소 → 소금

38쪽 카멜레온

39쪽 미꾸라지

40쪽 휴지통

41쪽 선글라스

42쪽 참외, 철물점

43쪽 신문, 금붕어

44쪽 중국

45쪽 튀르키예

46~47쪽

❶ 인어 → 어린이
　→ 이쑤시개 → 개미

❷ 나물 → 물병
　→ 병아리 → 리어카

❸ 과수원 → 원수
　→ 수건 → 건빵

❹ 우물 → 물건 → 건강
　→ 강아지 → 지도

❺ 카메라 → 라디오
　→ 오토바이 → 이사

❻ 선풍기 → 기도
　→ 도사 → 사마귀

48쪽 오징어

49쪽 딱따구리

50쪽 손목시계

51쪽 수영복

52쪽 보, 구박

53쪽 마늘, 껌

54쪽 오스트레일리아

55쪽 뉴질랜드

56~57쪽

❶ 고추 → 추어탕
　→ 탕수육 → 육상

❷ 수박 → 박수
　→ 수세미 → 미용실

❸ 가랑비 → 비밀
　→ 밀가루 → 루비

❹ 산골 → 골짜기

→ 기자 → 자랑
❺ 돈가스 → 스테이크
　→ 크레파스 → 스컹크
❻ 손금 → 금붕어
　→ 어항 → 항아리
58쪽 비둘기
59쪽 펭귄
60쪽 미끄럼틀
61쪽 오토바이
62쪽 자전거, 그림자
63쪽 전화기, 수도꼭지
64쪽 네덜란드
65쪽 덴마크
66~67쪽
❶ 고조선 → 선생님
　→ 님프 → 프랑스
❷ 삼국 시대 → 대나무
　→ 무쇠솥 → 솥뚜껑
❸ 이순신 → 신사임당

→ 당나귀 →
귀뚜라미
❹ 계백 → 백제
　→ 제삿날 → 날짜
❺ 여왕 → 왕자
　→ 자동차 → 차례
❻ 보자기 → 기둥
　→ 둥지 → 지우개
68쪽 고추잠자리
69쪽 장수풍뎅이
70쪽 비행기
71쪽 실로폰
72쪽 변비, 풋사과
73쪽 커피, 가르마
74쪽 독일
75쪽 러시아
76~77쪽
❶ 진시황 → 황제
　→ 제기 → 기린

❷ 심청 → 청와대
  → 대게 → 게시판
❸ 이방 → 방석
  → 석유 → 유리
❹ 이쑤시개 → 개미
  → 미남 → 남자
❺ 풋사과 → 과수원
  → 원두막 → 막내
❻ 오리발 → 발자국
  → 국수 → 수염

80쪽 진달래
81쪽 무궁화
82쪽 라면
83쪽 콩나물
84쪽 고와야, 돌다리
85쪽 상팔자, 겉, 속

87쪽

88쪽 학용품
89쪽 봄
90쪽 토끼풀
91쪽 배추
92쪽 아이스크림
93쪽 초콜릿
94쪽 기역자, 냉수
95쪽 떡, 바위
97쪽

고	구	마
속		
철	도	원
도		장

98쪽 병원

❷ 심지 → 장미덩굴
  → 대게 → 개시말
❸ 이망 → 영혼
  → 선술 → 술리
❹ 이쑤시개 → 개피
  → 미남 → 남자
❺ 꽃송이 → 과수원
  → 나무다 → 나데
❻ 도리깨 → 깨가죽
  → 수숙 → 수영

80쪽 진달래
81쪽 무용실
82쪽 심임
83쪽 홍난나물
84쪽 고이야, 동그리
85쪽 장롱가, 곰, 숲

98쪽 명청

97쪽
고	구	마
	수	
장	고	령
		상

96쪽 덤, 바위
95쪽 기러기, 양수
94쪽 초콜릿
92쪽 아이스크림
91쪽 배추
90쪽 트기골
89쪽 몸
88쪽 환웅탕

87쪽
신		
	으	들
	상	장
	동	표

← 장가네 →
← 옹달샘
찾아보기

❶ 제비 → 제비집
66~77쪽

66쪽 삼신당
67쪽 과일, 채소, 그릇
68쪽 대나무, 매화
69쪽 솟대
70쪽 물고기, 게
71쪽 해와 달
72쪽 오리, 학
73쪽 백일상, 밥, 국, 미역국, 떡
74쪽 돌상
75쪽 폐백
76쪽 결혼식
77쪽 회갑연

❷ 제비 → 제비집
❸ 병아리 → 닭
❹ 송아지 → 소
❺ 강아지 → 개
❻ 애벌레 → 누에고치 → 나비

58쪽 풀
59쪽 감, 고구마, 밤
60쪽 미꾸라지
61쪽 거미
62쪽 그림자, 나뭇가지
63쪽 강아지풀, 수수깡
64쪽 비사치기
65쪽 땅따먹기

❶ 씨앗 → 잎
❷ 거북이 → 거북
❸ 잠자리 → 잠자리채

찾아보기
203

99쪽 경복궁

100쪽 강아지풀

101쪽 담쟁이덩굴

102쪽 케이크

103쪽 토마토

104쪽 목걸이, 도토리

105쪽 실, 달

107쪽

108쪽 카페

109쪽 지리산

110쪽 은행나무

111쪽 나팔꽃

112쪽 삼계탕

113쪽 무지개떡

114쪽 배꼽, 여든

115쪽 게, 굼벵이

117쪽

118쪽 떡볶이

119쪽 축구

120쪽 맨드라미

121쪽 선인장

122쪽 스파게티

123쪽 김밥

124쪽 천 냥 빚, 놈이

125쪽 이웃, 우물

127쪽

128쪽 운동회
129쪽 제주도
130쪽 시금치
131쪽 옥수수
132쪽 카레
133쪽 비빔밥
134쪽 번갯불, 낯짝
135쪽 떡이, 수레
137쪽

해	파	리
바		
라	이	터
기		럭

138쪽 한국 영화
139쪽 도서관
140쪽 유채꽃
141쪽 소나무
142쪽 칼국수
143쪽 된장찌개

144쪽 맞들면, 산으로
145쪽 배가, 외양간
147쪽

샌	들	
드		치
위		과	일
치		

148쪽 설날
149쪽 단오
152쪽 고조선
153쪽 고인돌
154쪽 동명 성왕
155쪽 박혁거세
156쪽 에베레스트
157쪽 한라산
158쪽 스위스
159쪽 스웨덴
160쪽 신라
161쪽 조선

162쪽 에디슨
163쪽 스티브 잡스
164쪽 판문점
165쪽 만리장성
166쪽 에스파냐
167쪽 영국
168쪽 훈민정음
169쪽 임진왜란
170쪽 선덕 여왕
171쪽 최무선
172쪽 에펠 탑
173쪽 피라미드
174쪽 브라질
175쪽 미국
176쪽 측우기
177쪽 고려청자
178쪽 광개토 대왕
179쪽 을지문덕
180쪽 디즈니랜드

181쪽 나이아가라 폭포
182쪽 캐나다
183쪽 자메이카
184쪽 일제 강점기
185쪽 독립운동
186쪽 헬렌 켈러
187쪽 칭기즈 칸
188쪽 경주
189쪽 독도
190쪽 남아프리카 공화국
191쪽 가나
192쪽 과거 제도
193쪽 대동여지도
194쪽 안네 프랑크
195쪽 장영실
196쪽 백두산
197쪽 불국사, 석굴암
198쪽 케냐
199쪽 에티오피아